JULIEN FURIC

—

SUPPLÉMENT INÉDIT

à son

COMMENTAIRE SUR L'USEMENT DE CORNOUAILLE

Publié avec une Notice

Par Marcel PLANIOL

PROFESSEUR AGRÉGÉ A LA FACULTÉ DE DROIT DE PARIS

PARIS

L. LAROSE
Libraire-Éditeur
22, RUE SOUFFLOT, 22

RENNES

H. CAILLIÈRE
Éditeur
2, PLACE DU PALAIS, 2

1893

JULIEN FURIC

SUPPLÉMENT INÉDIT

à son

COMMENTAIRE SUR L'USEMENT DE CORNOUAILLE

DU MÊME AUTEUR.

L'Assise au Comte Geffroy. Étude sur les successions féodales en Bretagne. Rennes, H. Caillière, 1888.

Les appropriances par Bannies. Étude historique sur l'ancien droit du duché de Bretagne. Rennes, H. Caillière, 1890.

L'esprit de la Coutume de Bretagne. Vannes, Lafolye, 1891.

JULIEN FURIC

SUPPLÉMENT INÉDIT

à son

COMMENTAIRE SUR L'USEMENT DE CORNOUAILLE

Publié avec une Notice

Par Marcel PLANIOL

PROFESSEUR AGRÉGÉ A LA FACULTÉ DE DROIT DE PARIS

PARIS	RENNES
L. LAROSE	H. CAILLIÈRE
Libraire-Éditeur	Éditeur
22, RUE SOUFFLOT, 22	2, PLACE DU PALAIS, 2

1893

Extrait de la *Nouvelle Revue historique de droit français et étranger*
Juillet-Août 1893.

JULIEN FURIC.

SUPPLÉMENT INÉDIT

à son

COMMENTAIRE SUR L'USEMENT DE CORNOUAILLE.

I. *La personne de Furic.*

Julien Furic (1), sieur du Run (2), connu surtout par son commentaire sur l'usement de Cornouaille, était un avocat breton du diocèse de Quimper, qui vécut au milieu du xviie siècle (3). Il s'intitule en ses ouvrages « advocat au Parlement de Bretagne, » ce qui suppose qu'il venait à Rennes au moins par intervalles, mais la nature de ses travaux et de ses relations prouve qu'il habitait la Basse-Bretagne.

On ne sait presque rien de sa vie. Miorcec de Kerdanet (4) et Pierre Levot (5) n'ont trouvé aucun détail intéressant; ils se bornent à dire que Furic vivait dans le xviie siècle et à donner la liste de ses ouvrages. Le seul renseignement direct que nous possédions sur Furic nous est fourni par son contemporain Gui Autret, chevalier, seigneur de Missirien et de Léserguée. Celui-ci, qui connaissait personnellement Furic, dit de lui que c'était « un homme de singulière érudition,

(1) *Furic* est le diminutif du mot breton *fur*, qui signifie « sage, prudent, judicieux. »

(2) *Run* veut dire en breton « tertre, éminence, petite colline. »

(3) C'est lui que Merlin appelle par erreur Fevret (*Répertoire de jurisprudence*, v^o Baillée).

(4) *Notices chronologiques sur les théologiens, jurisconsultes... de la Bretagne*, Rennes, 1818, in-8°.

(5) *Biographie bretonne*, Vannes et Paris, 1852, 2 vol. in-4°.

probité et mérite (1) ». Malgré l'amitié qui les unissait ce
jugement ne paraît pas exagéré.

D'après les ouvrages que Furic a fait paraître, on peut
croire qu'il fut un des beaux esprits de sa province. On a de
lui des *Réflexions politiques* sur le gouvernement de Richelieu (2) et des *Entretiens civils*, dédiés à Madame de Carman (3).

La dédicace de ce dernier ouvrage à Madame de Carman,
ou plutôt de Kerman, suppose que Furic entretenait des relations avec la meilleure société de son temps.

Cette dame de Kerman s'appelait Moricette Renée de
Ploeuc, fille de Sébastien René de Ploeuc, marquis du
Tymeur (4). Elle se maria, en 1644, avec Donatien de Maillé,
marquis de Kerman (5), et eut de lui un fils né en 1647, que
Furic déclare avoir été, dès l'âge de douze ans, une personne
accomplie, tenant « les grâces de Madame sa mère, le courage
et l'adresse de MM^{rs} ses ancestres (6). » Ce fils épousa Mlle
de Murinais, dont Madame de Sévigné parle souvent dans
ses lettres et qu'elle appelle familièrement « la Murinette
beauté (7). »

(1) *La vie, gestes, mort et miracles des saints de la Bretagne-Armorique...
par Albert Le Grand, de Morlaix, religieux de l'ordre des fr. prêcheurs,* nouvelle édition, 1659, catalogue, p. 189.

(2) *Réflections politiques du sieur du Run sur le gouvernement de Monseigneur
le cardinal Duc de Richelieu, avec un narré raccourcy de toutes les grandes
actions qu'il a faites pendant son Administration,* Paris, 1640, 42 p. in-4°. —
C'est une apologie de la politique du Cardinal contre les Espagnols, mise
sous forme de lettres, dont une est adressée « à Monsieur de Missyrien. »
(Bibliothèque nationale, L $^{36}_{b}$, 3190.)

(3) Je n'ai pu parcourir cet ouvrage, que la Bibliothèque nationale ne
possède pas, non plus que celle de l'Arsenal. MM. de Kerdanet et Levot
disent qu'il a paru en 1659, à Paris, chez Journel, format in-18. M. de
Kerdanet en a publié deux fragments (*Vies des saints de la Bretagne-Armorique par Fr. Albert Le Grand...,* édit. de 1837, p. 494 et 495).

(4) Le château du Tymeur était dans la paroisse de Poullaouen, près de
Carhaix.

(5) Miorcec de Kerdanet, *Vie des Saints,* p. 493.

(6) Furic cité par Miorcec de Kerdanet, *ibid.,* p. 495.

(7) En 1689, Madame de Sévigné disait d'elle : « Madame de Carman est
partie pour sa Basse-Bretagne. C'est une des personnes du monde qui a le
plus de bonnes qualités; vous l'aimeriez si vous la connoissiez » (*Collection
des grands écrivains,* t. IX, p. 59, édition Monmerqué, in-8°).

On ne sera donc pas surpris qu'avec de telles liaisons Furic
ait eu une culture intellectuelle très développée. Il cite cou-
ramment, d'après ses réminiscences personnelles, les auteurs
les plus divers, anciens et modernes, Cassiodore et Machiavel,
Cicéron et Posidonius; il entremêle ses développements sur
un obscur usage de basse Bretagne de réflexions qui dénotent
un politique et un économiste. Aussi il est assez étrange que
son nom soit resté inconnu à tous les bibliographes et bio-
graphes étrangers à la Bretagne : ni La Croix du Maine, ni
Brunet, ni aucun autre ne cite un seul de ses ouvrages. On
ne trouve Furic mentionné que dans les spécialistes bretons,
comme Levot et Miorcec de Kerdanet.

II. *L'usement de Cornouaille.*

Les divers usements du domaine congéable n'ont jamais fait
l'objet d'une publication officielle. Lors de la dernière réformation de la coutume en 1580, on songea à adopter pour eux
un texte définitif; une rédaction fut préparée pour quelques-
uns, mais ce projet n'eut pas de suites. L'usement particulier
de la Cornouaille est un de ceux qui furent présentés à l'agré-
ment des États, et le texte que nous avons est justement celui
qui leur fut ainsi inutilement soumis. Le petit livre de Furic
publié en 1644 et dans lequel le texte de l'usement est reproduit et expliqué article par article, est la plus ancienne impression qui nous en soit restée. Furic n'a pas l'air de commenter
un texte ignoré de ses compatriotes, il ne se vante nulle part
de publier un document inédit; mais une chose donne à penser
que le texte rédigé au xvie siècle n'avait jamais été donné au
public avant lui, c'est la façon dont il en parle à propos d'un
arrêt rendu en 1646 : il dit que cet usement se voyait par
écrit et que le sieur du Run l'avait fait imprimer (1).

L'usement fut encore publié, comme une foule de choses en
ce temps-là, sous la forme de minces plaquettes ne contenant
que quelques pages d'impression. On en conserve une à la
bibliothèque de Quimper (2). Celle-ci porte la date de 1666;

(1) Voyez le texte inédit publié plus loin.
(2) « L'usage local de l'evesché et comté de Cornouaille en Basse-Bretai-
gne, trouvé par escuyer Jacques de Kerguern, sieur de Kernisy, conseiller

elle est donc postérieure de plus de vingt ans à l'apparition de
l'ouvrage de Furic, mais elle ne fut sans doute pas la seule
de son genre.

L'usance locale de Cornouaille fut également publiée par
Hévin dans l'édition de la coutume qu'il donna en 1659 (1), et
depuis lors elle a été reproduite par la plupart des éditeurs de
la coutume de Bretagne, Sauvageau, Motais et autres. Bourdot
de Richebourg l'a également donnée d'après eux (2).

III. *Les Commentaires de Furic sur l'usement de Cornouaille.*

Ce fut en 1644 que Furic fit imprimer à Paris son commentaire sur l'usement de Cornouaille relatif au domaine congéable (3). Une seconde édition du même ouvrage parut à
Rennes en 1664, chez Jean Vatar (4).

du Roi au présidial, parmy les memoires de deffunct escuyer maistre Guillaume le Baud, vivant sieur de Crechmar, conseiller du Roy, president et
senechal au présidial de Quimper-Corentin, comme il fut presenté aux Estats
de Bretaigne tenus à Ploermel. — A Quimper-Corentin, de l'imprimerie de
George Allienne, M.DC.LXVI » (Bibliothèque municipale de Quimper,
$\frac{39}{A^{ier} 12}$). Ce Guillaume le Baud était, en 1579, avocat à Quimper-Corentin,
et il assista aux Etats qui préparèrent la réformation de la coutume (*Coutumier général*, t. IV, p. 422 et 424). Il a donc pu lui-même présenter aux
Etats l'usement qu'on trouva à sa mort dans ses papiers.

(1) *Coustumes de Bretagne expliquées par un recueil d'arrests tirez des memoires de plusieurs celebres avocats*, Rennes, Garnier, 1659, in-4°. — Les
exemplaires non écoulés furent remis en vente en 1674 et en 1680 avec de
nouveaux titres, mais tous proviennent du même tirage.

(2) *Coutumier général*, t. IV, p. 409-410.

(3) « L'Vsement du domaine congeable de l'evesché et comté de Cornoaille,
commenté par Me Iulien Furic, sieur du Run, advocat au Parlement de Bretagne, avec l'Vsement local de la principauté de Léon, et Iurisdiction de
Daoulas, dédié à Monseigneur l'évesque de Cornoaille. — A Paris, M. DC.
XXXXIV » (70 p. in-4°, plus l'épître dédicatoire).

(4) Même titre et même format que la précédente, mais comptant seulement 68 p. au lieu de 70, non compris les feuillets des épîtres dédicatoires et
du titre. Cette seconde édition n'est donc pas, comme le croyait M. Hardouin,
une simple remise en vente, avec un nouveau titre, des exemplaires de 1644
non encore écoulés. J'ai pu m'en assurer en collationnant l'exemplaire de la
Faculté de droit de Paris avec celui de la Bibliothèque nationale. L'édition
de 1664 reproduit, à une syllabe près, le contenu des pages de la pre-

Le sieur du Run n'est pas un commentateur ordinaire. Il ne se borne pas à exposer les usages de son pays et à expliquer pas à pas les mots importants de l'usement. Il s'érige en censeur, en critique acerbe, et appelle de ses vœux une révision de cette loi, qu'il dénonce comme «. mal ajustée (1). »

Il plaint sincèrement « les pauures Rustiques » de la Bretagne, qu'il trouve obligés à des conditions onéreuses, du moins aux lieux où l'usance du domaine congéable est reçue. Il signale entre autres ce fait que « telles rentes ne gèlent « point pour les Seigneurs , qu'elles ne sont point suiettes à « rabais pour la stérilite des années, pour les courses des gens « de guerre, ny pour les inondations et débordemens des « Rivieres (2). »

Parfois même son style prend une allure littéraire ; il s'exprime avec véhémence et on croirait entendre comme un écho de la parole de Bertrand d'Argentré. En voici un exemple. Furic parle des corvées annuelles que doivent les domaniers :
« Il n'y a point de fermier, pour chiche et tenant qu'il puisse « estre, qui ne fut bien aise de doubler ou tiercer sa rente « plustost que d'estre sujet à de telles corvees, qui s'exigent « ordinairement à discretion par les Gentilshommes qui sont « éloignez des bonnes Villes et de la presence des Magistrats.. « Et c'est le plus grand malheur qui puisse arriver à ces pauures « gens que de se rencontrer dans le voisinage de ces personnes « violentes qui se ventent d'avoir tousiours le droit pendu à « leur costé, principalement quand ils se trouvent sous la « porteé de la Couleuurine du Chasteau où ces petits Tyrans

mière jusqu'à la page 65, mais là elle gagne une page en reportant au bas de la page 65 les 3 lignes qui occupent seules la page 66. En outre l'usement local de Léon ne remplit que trois pages au lieu de quatre. — Jean Vatar a placé en tête une nouvelle épître dédicatoire à Messire François d'Argouges, premier Président au Parlement de Bretagne , et il a publié dans le même volume, mais avec un titre et un numérotage à part, une *Sommaire instruction touchant les matières bénéficiales selon l'usage et pratique de la province de Bretagne*, par V. P. P., seconde édition d'un ouvrage dont la première est inconnue, ainsi que le nom de l'auteur.

(1) Dans les fragments inédits publiés plus loin, il dit tenir, « de la bouche des personnes les plus considérables de la Province, que la Cour [le parlement de Rennes] incline à la réformation de cet Usement. »

(2) P. 27.

« ont establi leur principale regence. » — Après quoi, craignant
d'en avoir trop dit, il ajoute par manière de précaution ora-
toire : « En quoy l'on n'entend point parler des gents d'honneur,
« dont il y a grand nombre, graces à Dieu, dans la Province,
« qui aymeroient mieux mourir que de songer à faire la
« moindre de ces exactions (1)... »

Mais, si Furic se montre sévère pour les exactions violentes,
il n'oublie pas non plus qu'il est seigneur foncier et il s'élève
contre un usement qui met les seigneurs dans l'impossibilité
d'élever le taux des rentes qui leur sont dues. « On oste par
« là aux seigneurs la liberté de faire valoir leur bien en bons
« peres de familles;... au lieu d'une rente fonciere qu'ils
« croioient avoir suiette à progrès et augmentation... ce sera
« une rente censive qu'on leur donnera à jouir, contre leur
« intention, immuable en sa valeur et incapable d'accroisse-
« ment... En vn mot ce sera une rente conuenanciere qu'ils
« auront en Image et un Cens en effet, puisqu'ils seront réduits
« à cette déplorable condition de ne la pouuoir iamais aug-
« menter (2), » parce que, comme il l'explique longuement, il
faudrait bailler autant d'argent pour mettre le fermier dehors
comme pourrait valoir l'augmentation de la rente. Alors il se
lamente sur l'avilissement de l'argent : « Il n'y a celuy qui ne
« scache (pourveu qu'il soit versé dans les affaires) que quatre
« escus de rente il y a quatre vingts ou cent ans valoient
« autant à leur Seigneur qu'en pourroient bien valoir seze ou
« vingt auiourd'huy. Non que les monnoyes d'alors fussent
« plus fortes que celles d'apresent ; mais parce que l'argent y
« estant plus rare, ou possible la cupidité des hommes moins
« enflammée, on auoit par conséquent meilleur marché de
« toutes choses (3). »

Partant de là, il reproche amèrement aux domaniers de
« ruiner leurs seigneurs » — parce que « au lieu de se con-
« tenter de faire des simples clostures et des hayes raison-
« nables capables de tenir leurs gagneries en defense contre
« le bestail de leurs voisins ou contre vn cheval enheudé, ils

(1) Scholie sur l'art. XI.
(2) P. 21-22.
(3) Scholie sur l'art. X.

« ont eleué des pallissades d'vne si prodigieuse hauteur et
« auec vn si demesuré diametre, qu'il n'y a Sanglier ni beste
« de forest pour furieuse qu'elle soit qui les puisse forcer,
« Cerf ny levrier d'attache qui les puisse franchir, en telle
« sorte que l'on diroit que leur intention auroit esté plustost
« de construire des digues ou des chaussees regulieres pour
« brider la fureur de quelque impetueux torrent, ou pour
« asseurer vn camp militaire contre les attaques d'vn puissant
« ennemy, que de faire des simples clostures pour la conser-
« uation de leurs semailles (1). »

— Il dit un peu plus loin : « Quand ce vient... au prisage
de ces grands et épouvantables fossés, il n'est point de foncier
qui ait les reins assés forts pour les rembourcer (2). »

Ainsi Furic s'apitoie tour à tour sur les seigneurs obligés de
se ruiner pour congédier leurs tenanciers et élever leurs rentes,
et sur les domaniers victimes de la rapacité de leurs maîtres.
Il ne veut plus d'une loi qui, par certains côtés, permet « qu'on
« enrichisse le valet aux despens de son maistre » (3) et en
même temps il trouve que « c'est vne pitié de voir que l'on
« marche toujours sur les foibles (4). »

Chemin faisant, il nous fait entendre son avis sur les avan-
tages économiques des fermages élevés : « Au reste dans
« un Estat bien policé, il est bon de tenir les fermes des
« heritages un peu hautes aux personnes qui s'adonnent
« au labourage, pour les rendre plus diligens et les des-
« tourner de l'oysiveté : Estant l'opinion commune de tous
« les Sages que le trop grand aise la nourrit et qu'il n'y a
« rien qui rende un homme meilleur menager que de l'obliger
« au travail. Les Romains ont connu cette verité, aussi bien
« que les anciens Spartains, au trauers des nüages du Paga-
« nisme, lors que pour choisir l'assiette d'vne bonne ville ils
« ont dit qu'il valloit mieux la prendre en vn sol maigre,
« ingrat et infructueux que dans vn fonds qui eust esté plus
« gras et de meilleur rapport : Afin que ses cytoiens s'adon-

(1) Scholie sur l'art. XXIII.
(2) *Ibid.*, p. 51.
(3) P. 26.
(4) P. 35.

« nans au labeur et à la culture, ils se detournassent par là
« de l'oysiueté et vescussent plus vnis par ensemble (1). »

IV. *Rareté de ce livre. Projet de réimpression et découverte d'un fragment inédit.*

Le livre de Furic est devenu d'une extrême rareté. M. Aymar
de Blois, fort au courant des bibliothèques de la Bretagne,
n'en connaissait que trois exemplaires : un à la cour de
Rennes (2), un chez M. de Corbière (3), un chez M. de Kerdanet à Lesneven. La Cour de Rennes possède toujours le
sien; je ne sais ce que sont devenus les deux autres, mais j'en
puis signaler trois nouveaux. En 1885 l'abbé Guillot en pré-
senta un dans une réunion de la société archéologique d'Ille-
et-Vilaine qui était de la seconde édition (4). La Faculté de
droit de Paris en possède un de la première édition (5). Enfin il
y en a un à la Bibliothèque nationale qui est de la seconde
édition (6). Mais on n'en trouve aucun dans les bibliothèques
municipales de Nantes et de Rennes, pourtant très riches toutes
les deux.

M. Hardouin, dans son étude sur la Quevaise, annonce que
la réimpression du rarissime ouvrage de Furic est chose
décidée (7). Je ne sais ni où ni par qui cet opuscule serait
réimprimé. En attendant, je crois utile de donner ici certains

(1) P. 26 et 27.

(2) En 1856 le tribunal civil de Quimper a fait prendre sur cet exemplaire
une copie manuscrite pour sa bibliothèque particulière.

(3) Le comte de Corbière, ancien doyen de la Faculté de droit de Rennes
et ministre fort impopulaire sous la Restauration, était un bibliophile ardent.
Il a laissé des notes assez étendues sur la bibliographie juridique de la
Bretagne avant 1789, que M. Ropartz a complétées par quelques additions.
Elles ont été publiées d'une façon défectueuse, après la mort de M. Ropartz,
sous le titre de *Bibliothèque de jurisprudence bretonne,* dans son livre *Sur
quelques ouvrages rares et peu connus écrits par des Bretons...* (Nantes, 1879,
p. 233 à 285).

(4) Société archéologique d'Ille-et-Vilaine, *Bulletin*, t. XVIII, 1888, p. XL
et 11.

(5) Exemplaire ayant appartenu à M. de la Moussaye, conseiller au Parlement de Bretagne.

(6) Inventaire, F. 13723.

(7) Société archéologique du Finistère, *Bulletin*, 1885, p. 78.

fragments inédits de Furic, qu'il avait rédigés pour compléter son ouvrage et que j'ai découverts aux Archives d'Ille-et-Vilaine dans une des liasses non classées qui forment ce qu'on appelle « le Fonds Hévin. » Ce fonds renferme une quantité de papiers, de registres, de copies, d'actes originaux de toute provenance, qui avaient été trouvés après sa mort chez le célèbre avocat rennais et déposés probablement dans la bibliothèque de l'ordre des avocats au Parlement. L'ancien archiviste du département, M. Quesnet, mort récemment, les a retrouvés dans les greniers du Palais et mis parmi ses archives.

Les fragments que je donne avaient été évidemment préparés pour l'impression. La disposition typographique des lignes y est indiquée dans l'écriture même; le titre y est arrangé en triangle comme dans certaines impressions anciennes. Enfin on ne peut douter que ce petit cahier, qui ne ressemble en rien par son écriture aux autres papiers d'Hévin, ne soit de la main même de Furic, dont il porte à la fin la signature et le paraphe.

Furic avait ajouté après coup, sur quelques feuillets restés blancs à la suite de ces documents d'ordre judiciaire, quelques notes sans aucun rapport avec eux et que je supprime comme étant dépourvues d'intérêt. L'une est une liste des cardinaux d'origine française ou bretonne (1); l'autre une notice de quelques lignes rappelant l'érection de l'évêché de Dol en archevêché.

Enfin on remarquera, contrairement à ce qu'annonce le titre, que le fragment qui suit ne contient rien sur la quevaise.

MARCEL PLANIOL,

Professeur agrégé à la Faculté de Droit de Paris.

(1) Voici seulement la portion de cette liste qui concerne les cardinaux bretons : « Dix de Bretaigne, scavoir 1. Yvo abbaz sti Melanij, deppuiz evesque de Dole et dernier archediacre de Romme, 2. Bernardus Rhedonensis, 3. Yvon Beguaignon, Cardinalis Morlacensis, 4. Raphael, episcopus Trecorensis, 5. Hugo de Coetedrez, 6. Hugo de Montrelaix, dict cardinal de Bretagne, 7. De Coetgriz Leonensis, ex familia de Kernaguez, 8. Le cardinal de Malestroit, aussy Breton, 9. De Coetiuy, x. et Guybé, cardinal de Nantes, nepueu de Landaiz, chancellier de François second, Duc de Bretagne. » — Sur les cardinaux de Bretagne, voyez M. Guillotin de Corson, *Semaine religieuse de Rennes*, 19 février 1870, t. VI, p. 241.

ADIONCTION aux premiers memoires
Du Sieur DV RVN touchant l'esclair
cissement de l'Vzement du do
maine congeable de la comté
de Cornoaille, auecq un extraict
du Droit de QUEUAISE
de l'Abbaye de RELLEQ
fidellement collationné
sur les tiltres et origi
naux de lad. Abbaye.

———

Plus un Arrest en forme de reiglement
touchant l'eslignement du Droit de NEUSME.

Arrest nottable touchant les coruées, speciffication et des nombrement d'arbres Bois de Merrain, payement des arrérages des prestations foncieres. Description des Haulteurs, longueurs, et largeurs des Bastiments et Maizons des Hommes Demeniers.

Par sentence randuë en la Cour et Iurisdiction de Chatteauneuf du Faou, le xxv⁰ iour d'octobre 1637, entre Jacques-Langenet, deffendeur et appellant d'vne part, et Nobles Gentz Pierre Roüault, et Jeanne Jouhan, sa femme, demandeurs et inthimés d'aultre, ledict Langenet auroit esté condemné payer aux inthimés trois Boisseaux froment, trois d'auene, et six chappons pour arrerage de pareille rente restée à payer pour les trois années dernieres, et ce suyuant les apprecis des greffes de la dicte Iurisdiction ; les coruées pour le temps passé, et continüer pour l'aduenir les dictes coruées, rentes et champart à la Coustume.

Et pour l'impunissement de la Déclaration qu'il leur auroit fournie, il auroit esté condamné la refformer, ce faizant adiouster et faire rapporter les longueurs, hauteurs et largeurs de leurs Bastiments ; s'ils étoient couverts de glé ou d'ardoise ; si les portieres estoient de pierre de taille ou maçonnage ; le nombre des pieds d'arbre bons à merrain estants sur le fonds dudict lieu, le nom de leurs consorts et fournir declaration indiuise, s'ils n'estoient fondez en bailler particulière du seigneur foncier, sauf leur Recours vers qui ils verroient l'auoir affaire, et aux despens du procès.

DE LAQUELLE SENTENCE y ayant eu appel en la Cour de Parllement de ce pais de la part dud. Langenet, s'ensuiuit arrest en la Chambre des Enquestes le xxij. iour de juin 1640, par lequel l'appellation et ce dont estoit appellé fust mize au neant, corrigeant et refformant le iugement, fust led. Langenet condemné payer trois années d'arrérages des especes de Blé rapportées aud. arrest, scauoir la derniere par especes, les deux autres par apprecy, de faire les Coruées pour la derniere année seullement, Refformer la Declaration par eux randuë aux d. inthimez, y adjouster le droit de champart, la suyte du Moullin, et les Coruées par eux obmizes, et au surplus les parties hors de cour et de procès sans despens.

Ce Néantmoins le contraire auoit esté auparauant iugé par
Arrest contradictoire du mesme Parllement en dabte du
26 iuin 1620, confirmatif d'vne sentence du seneschal de
St Brieuc du 18 octobre 1618, donnée entre Escuyer Bernard
le Bihan, Sieur de Brunollou, demandeur et inthimé d'vne
part, et Marie Lanneual et Michel le Breton son filz, deffen-
deurs et appellants d'aultre, qui adiugeoit aud. s^r de Brunallou
touttes les choses qui auoient esté iugées contre led. Langenet
par la d. sentence de Chatteauneuf du Fou.

***

Le mesme encore conffirmé par aultre arrest de la Cour en
dabte du 13 iuin 1641, entre Noüel Benard et consorts, appellants, et Damoyselle Catherine le Forestier, inthimée, par
lequel touttes ses fins furent adiugées à la d. Dame fonciere
avecq adiudication de despens sans moderation contre les d.
appellants ses Demeniers.

Arrest de Bretagne *touchant les Corvées des hommes Demeniers.*

Par Arrest Randu au Parllement de Bretagne xve juillet
1642 entre Jean Guymarch et Consorts, hommes et colons du
s^r de Tourilles, appellantz de sentence contre eux randüe par
les Juges Royaux de Chateaulin au proffict d'escuyer François
Carjou et Dame Louyze Marie Le Moyne, inthimés, lad. sentence fust conffirmée par despens de la cause d'appel, par
laquelle ils avoient esté condemnez payer annuellement aux
d. s^r et Dame des Tourvilles, inthimés, la somme de neuf
livres thournois pour l'estimation des coruées leur debuës par
les dicts appellants à cause de la d. Terre des Tourilles par
eux tenuë à titre couvenancier soubs les d. s^{rs} Inthimés.

***

Mais il est remarquable qu'ils n'ont esté condemnez à cette
Estimation que faulte à Eux de les avoir faictes par Espece.

Néantmoins, sauf la Reverence de la Cour, nous croyons que le seigneur les peut apprecier, quand il n'en a besoign par espece, comme faizants partie de son Revenu, puisqu'il les peut mesmes prester à vn aultre INUITO COLONO.

*
* *

AULTRE ARREST DU MESME PARLLEMENT *Randu Touchant le Bois de fresne et de fousteau cruz sur les fossez des Hommes Demeniers.*

Par arrest de lad. Cour Randu au proffilt du s^r de Locest au semestre de feburier de l'an 1648, sur vn appel de Kerahez, les Bois de fousteau et de fresne, quoique n'ayantz encore atteints la consistance et matturité de Bois de Merrain ont esté ostez de la disposition de l'homme Demenier, jceux adiugez au Seignenr foncier, encôre que les desmeniers conuenanciers alleguassent et fissent veoir que lesdictz arbres n'eussent crû sur le fonds dud. seigneur, mais seullement sur leurs fossés et droicts repparatoires, à quoy la Cour ne s'est arrestée mais bien à l'oppinion du s^r du RUN, qui a escript et soustenu sur l'Vzement du Domaine Congeable que l'homme Demenier ne debuoit et ne pouuoit dispozer d'aultres arbres que de ceux qui ne portoient aucun fruict et que le iurisconsulte Offilius appelle du nom de *gremiales* comme sont les Espines, marsaux, Saudres, hestres, aulnes et aultres.

*
* *

AULTRE *Randu en lad. Cour en l'an 1647
en Interprettacion de l'article Dixiesme de l'Vzement
Loccal du Domaine Congeable de Cornoaille
touchant le congeement et remboursement
des Hommes Demeniers.*

Proces s'estant mêu en la Iurisdiction Royale de Concq, Foüesnant et Rosporden, en l'an 1646, entre vn gentilhomme de la Iurisdiction [dont par consideration led. s^r du RVN ne veult rapporter le nom] et quelques siens demeniers, auxquels

quelque temps auparavant il auoit vendu les ediffices et superffices de leurs tenuës conuenancieres, touchant l'expulsion
et congeement par luy entreprins de ses dicts hommes, le dict
Seneschal de Concq rendist sa sentence sur la fin de la dicte
année 1646 au proffit du dict gentilhomme, par laquelle il
condemna ses hommes de vuider, estants par luy au preallable
remboursez du meritte de leurs droicts rettentifs, non sur le
pied de la valeur de leurs dicts ediffices mis à leur juste prix,
comme les dicts hommes le prettandoient en conse[quence] dud.
Vzement mal entandu de la Coustume, mais seullement sur le
pied du desboursé de leur contract qui estoit beaucoup moindre,
sy mieux ils n'aymoient laccepter sur le pied de la valeur de la
rente qu'ils payoient annuellement audict foncier, dont s'estants lesd. hommes portés pour appellantz en la Cour, Arrest
interloqûtoire s'ensuiuit sur lad. appellation au semestre
d'Aoust dud. an 47 par lequel la Cour, auant faire droict sur
le bien ou mal iugé de lad. sentence, ordonna qu'il seroit inf-
formé par tourbes deuant le premier des conseillers d'icelle
trouvé sur les lieux sur le faict de l'Vzance diversement alle-
guée et maintenuë par lesd. parties, pour passé de ce et le
tout rapporté estre ordonné sur le fonds ce qu'appartiendroit,
tous despens réserués. Ce que led. s^r du RVN n'a point entandu deppuiz auoir esté executté.

*
* *

Lequel Arrest sert pour monstrer que son oppinion a faict
poids à l'interloqûtoire, veu qu'autrement il eût fallu s'arrester
simplement à la teneur de l'Vzement loccal, puisqu'il se voyoid
par escript et que led. sieur du RVN l'auoit faict impprimer
avecq aduiz de l'Abuz et de l'iniustice qu'il contenoit, et lequel
prins à la lettre sembloit donner un plain et entier gaign de
cause aux appellantz, à quoy la Cour ne s'arresta, mais à ce
qui se prattiquoit ou debuoit pratticquer sur le faict des dicts
congez.

Ce qui sert encôre pour indicquer que la Cour n'entend
poinct estre liée par telz Vzements sinon aultant que bon luy
semble ou que la Raizon et l'interest du public s'y accordent.
Estant facile de faire veoir que led. Vsement de la forme qu'il

est redigé et que les Hommes Domaniers le veullent faire
prattiquer est subiect à des Absurdités et inconuénients irre-
parables, ainsy que ledict S^r du RVN l'a monstré en deux
endroicts de ses Obseruations sur le d. Vsement, oultre que
l'on sçait de la Bouche des personnes des plus considérables
de la prouince que la Cour incline à la Refformation de cet
Vzement, y trouuant la mattière dispözée et iour pour y asseoir
vn bon Reiglement en fabueur des vns et des aultres par des
temperaments dignes de sa prudence, à quoy l'Arrest qui
ensuilt semble auoir desia frayé le chemin.

Aultre Arrest Nottable sur le mesme faict.

Par Arrest interloqùtoire du 19 Mars 1642, randu entre
Maistre Guillaume le Souffachez et Denyzo, parties, il a esté
ordonné qu'auant faire droict sur le bien ou mal iugé, qu'il
seroit faict prisage en sa valeur par priseurs iurés, à ce con-
uenus ou donnés doffice, du fonds de la tenuë convenanciere
acquise pas led. Souffachez ou plus tost par le nommé Pegasse
son beau-père d'auecq led. Denizo pour ce faict et le tout rapporté estre ordonné sur le fonds ce qu'appartiendroit, despens
réserués.

En execution duquel les parties ayants nommé ot conuenu
de priseurs deuant les Iuges de Hennebont à cette fin commis,
ils auroient faict estimer le fonds en sa valeur et employé dans
led. prisage le fonds de terre estant soubz le Bastiment des
Hommes auecq celui qui estoit soubz vergers et fruictiers, et
puis fait vn prisage particulier et en cahier sepparé des droictz
repparatoires, par l'yssuë duquel prisage, il se trouue que le
fonds de la tenuë, qui n'auoit esté acquise que pour six centz
liures vne fois payez pas led. Pegasse au desur de la rente,
se trouue valoir la somme de deux cents quarante liures de
Rente tous les ans, Rentes et seruices rabbatus, C'est-à-dire
sans aucune diminution des droicts repparatoires des Hommes.

Lequel prisage rapporté et veu en la Cour se seroit randu
Arrest diffinitif le 25. octobre 1645 contre le dict Souffachez,
qui auoit retirê lad. terre par presmesse d'auecq ledict
Pegasse, par lequel il est condemné de quitter le lieu audict

Denizo vendeur, qui s'estoit pourueu contre led. Contract par
deception d'oultre moëttié de iuste prix, estant remboursé du
sort principal d'icelluy, sans aucuns frais, mises ny loyaux
cousts, ny mesmes sans que ledict Denyzo eust esté condemné
de luy rembourser le prix des droicts repparatoires qu'il auoit
baillé aux hommes pour les congedier hors la Tenuë et par
Despens moderés à soixante liures.

Contre lequel Arrest le dict Souffachez s'estant pourueu par
Recqueste ciuile, le Conseil luy auroit mandé qu'il n'en voyoid
poinct d'ouuerture, et que l'euenement en estoit fort à crain-
dre. Ce qui est fort remarquable comme choze approchante de
l'oppinion du dict Sr du RVN.

***

Adionction sur le mesme faict.

Quand un heritage est vendu, fonds et Repparatoires ensemble, et pour vn mesme prix, la façon ordinaire de prizer
les Superffices d'un tel fonds, quand le contract est entreprins
de lézion et deception d'oultre moëttié, est de reduire l'estimation des dicts supperfices à tiers de leuée : C'est à dire que si
le fonds est estimé valoir ioinct à ses repparatoires Soixante
escuz de Rente, on a de Coustume d'en retrancher le tiers pour
le prix des Superfices et de laisser le reste pour la valeur du
fonds, et c'est la Reigle qui a esté pratticquée par nos Anciens
dans l'euallüation de leurs partages, de laquelle il ne se fau-
droit pas esloigner facilement et à moins que faire veoir qu'il
y ait de l'Abuz en cette Estimation.

***

La Toyse de Fossé, sil est parffaictement bon, vault enuiron
quarante soldz entre coherittiers, mais entre l'homme et le
seigneur elle pourroit aller iusques à vn Escu; d'vn moindre
xxx soldz; d'vn demy-fossé xvj à xx soldz.

Quand vn lieu est beaucoup chargé de Rente, les Repparatoires s'estiment moins ; mais quand il est peu chargé on en
faict vne Estimation plus haulte.

**

Quand vn Fossé est destaché par les deux boultz des aultres
clostures d'vn parc quel qu'il soit, cela monstre que ledict
Fossé n'est poinct à celuy à qui appartiennent les aultres clostures du dict parc, mais au proche Voysin. Et celluy qui a le
plant de son costé ne peult iamais prettendre la proprietté du
Fossé qui est ainsy planté, parce qu'on n'arme jamais vn fossé
contre le proprietaire, mais bien le met on en deffense Contre
le voysin pour empescher son Bestail d'y entrer.

**

La Toyse de bon maçonnage s'estime trois Escuz en faict de
prisage ; celle de pierres de taille cincq Escuz ; mais les iam-
bages corbeaux et manteaux des cheminées s'estiment à un
aultre prix aussy bien que les portes fenestres, et les huisseries
à cause qu'il y a plus de façon.

MEMOIRE POUR LE REIGLEMENT DU DROICT
DE NEUSME.

PAR ARREST de la Cour de Parllement de Bretaigne, signé
Monneraye, dabté du 7 Novembre 1623, ce droict a esté reiglé
aux deux tiers d'vne neuffiesme partie d'un tiers des meubles
trouuer aprez le deceix des personnes sur les biens desquelles
on prettend led. Droict, les frajs des obseques, funerailles et
legs testamentajres leués au preällable, sur le d. tiers, et à la
charge qu jcelluy tiers, touttes debtes mobiljaires payees, se
trouve valoir de net quarente ljures monnoye. AUXQUELS
MEUBLES ne seront comprins les Contracts de Constitution de
Rente, hypothecques, cedules et obligations ; De la valeur
desquels Biens seront les surujvans et herittiers dud. decedé
creus à leur simple serment sans aultre juventaire, sj aultre-
ment les d. parties ne peuuent Convenir entr'elles dud. droict.

L'appel estoit d'Vne sentence des Juges de St Sauueur de Dinan, et d'Vne aultre donnée aux Requestes du Palays à Rennes entre les nommés Jean Aubry, s^r de Lescuyer, appellant et deffendeur d'vne part, et frere Renné l'Aduocat, Prieur du prieuré de St Sauueur de Dinan, demandeur et inthimé d'aultre.

* * *

Les Nobles et gentilshommes sont exempts de ce droict et on estime que les prebstres le doibuent estre par pareille Raizon.

(*Signé*) Ju furic Du Run.

BAR-LE-DUC, IMPRIMERIE CONTANT-LAGUERRE.

www.ingramcontent.com/pod-product-compliance
Ingram Content Group UK Ltd.
Pitfield, Milton Keynes, MK11 3LW, UK
UKHW022234080726
13614UKWH00007B/2316